AKTIEN UND SEIN GEFÜHL

AKTIEN UND IHRE BEDEUTUNG 1
WAS HAT ES MIT AKTIEN AUF SICH? 4
WIE FUNKTIONIERT DER AKTIENHANDEL? 6
REGELN BEIM AKTIENHANDEL 8
KENNZAHLEN AUS DER BILANZ FÜR DIE
FUNDAMENTALANALYSE 11
WIE RISKANT SIND AKTIEN? 20
CHANCEN 26
WELCHER ONLINE BROKER? 28
DIE 10 GRÖßTEN FEHLER DER AKTIENANLAGE FÜR
ANLEGER 44
DIE 10 SCHLIMMSTEN FEHLER BEIM AKTIENHANDEL 51
DIE BESTEN TIPPS ZUM AKTIENKAUF 61

Aktien sind und bleiben die beste Möglichkeit, um dauerhaft Geld mit hohen Renditen als Gewinne zu erhalten. Es haben sich in der Vergangenheit schon sehr viele Leute mit Aktien beschäftigt und hohe Summen investiert, um sich ein gutes Budget für die Zukunft zu sichern. Aufgrund der immer mageren Renten, die in der Zukunft für eine Absicherung sorgen sollen, müssen neue Wege herhalten. Diese können sichern, dass man viel Erfolg erhält, was jedoch nicht unbedingt zwingend sein muss. Damit die Nutzung von Aktien zu finanziellen Hochkursen führt, sollte darauf geachtet werden, in die richtigen Aktien zu investieren. Wie allerdings in Aktien investiert wird und welche Aktien auszuwählen sind, soll nun in einem kleinen Bericht aufgeführt werden.

Die Grundlagen über Aktien sollen diese Finanzinstrumente nicht nur attraktiver gestalten, sondern zur gleichen Zeit muss gesichert werden, dass die unterschiedlichen Vorteile von Aktien das Aktiengeschäft anregen und wohlmöglich höhere Beträge in die Wertpapiere investieren lassen.

AKTIEN UND IHRE BEDEUTUNG

Wenn sich an Aktien gewendet wird, ist zu erkennen, dass es sich um eine sehr gute Investitionsmöglichkeit handelt. Diese kann genutzt werden, um erspartes Geld zu vermehren. Feste Renditen sind jedoch nicht zu erwarten, da die Aktien entsprechend ihres Marktwertes steigen oder gar fallen. Bei einer Aktie handelt es sich um ein Wertpapier. Dieses Wertpapier stellt die Anteile am Eigenkapital einer Aktiengesellschaft dar, die von einem Unternehmen zur Verfügung gestellt wird. Bei der Aktiengesellschaft handelt es sich um eine Unternehmensform, die vor allem bei sehr großen Unternehmen vorkommt. Somit hat die Gesellschaft nicht nur Rechte, sondern auch Pflichten. Große Unternehmen sind meistens an der Börse zu entdecken, da sehr viel Kapital über die Ausgabe von Aktien erhalten werden kann. Jedoch ist auch die Investition in Aktien möglich, sodass sich Unternehmen Aktien von anderen Unternehmen zulegen können.

Der Handel von Aktien findet an der Börse statt. Hier können Aktien zum aktuellen Kurs gekauft und auch verkauft werden. Der Aktienkurs entspricht der aktuellen Lage von Angebot und Nachfrage. Mit dem Kauf einer Aktie können unterschiedliche Rechte erhalten werden, die je nach Aktie entsprechend gehalten sind. Hierzu zählen unter anderem:

- Recht auf Dividende
- Recht auf Anteil am Aktienkapital einer Firma
- Recht auf Liquidationserlös

Grundsätzlich gibt es eine Reihe unterschiedlicher Aktien, die für sich in Anspruch genommen werden graph-163712__180können. Die Aktie kann nicht nur von Unternehmen, sondern von Privatpersonen genutzt werden, um somit zu sichern, dass eine entsprechende Rendite in Anspruch genommen wird. Der Handel soll sich eigentlich auf den Gewinn einer Aktie belaufen. Das Ziel des Aktienhandels ist es, so viel Gewinn durch den Kauf und anschließenden Verkauf zu erhalten, dass man sich eine gute Summe in die eigene Tasche stecken kann.

Gerne ist darauf zu achten, dass nicht nur eine Aktie gekauft wird, sondern mehrere Aktien gleichzeitig. Diese helfen nämlich dabei, dass grundsätzlich eine positivere Einplanung in Gewinnspannen erfolgt. Ist eine Aktie nicht gewinnbringend, kann das dazu führen, dass eine andere Aktie positive Zahlen schreibt und für Gewinne sorgt.

WAS HAT ES MIT AKTIEN AUF SICH?

Aktien sind die Stars an der Börse. Für viele stellen sie ein Zockerwerkzeug dar. Wer Aktien eines Unternehmens besitzt, dem gehört ein Anteil des Unternehmens und zwar in dem Verhältnis, wie diesem Aktien gehören zur Gesamtzahl an emeritierten Aktien. Aktien zu halten bedeutet auch, ein Stimmrecht zu besitzen. Jede Aktie repräsentiert eine Stimme, welche auf der jährlichen Hauptversammlung geltend gemacht werden kann. Viele Anleger, vor allem Kleinanleger, machen davon keinen Gebrauch, da sie an den Kursgewinnen interessiert sind sowie den Dividenden. Das Unternehmen hat die Option, aber nicht die Pflicht, einen Teil des Gewinns an die Anleger auszuschütten. Diese Dividende wird einige Tage nach der Hauptversammlung ausbezahlt. Sie stellt eine nicht zu unterschätzende konstante Einnahmequelle dar. Durch die Ausgabe von Aktien haben Unternehmen die Möglichkeit, den Weg eines Kredits zu umgehen und anderweitig zu Geld zu kommen. Im Gegenzug geben sie der Öffentlichkeit die Möglichkeit, das Unternehmen mit zu besitzen. Häufig ist von dem Börsenwert eines Unternehmens die Rede. Dieses errechnet sich durch die Multiplikation des Aktienkurses mit der Gesamtzahl an Aktien.

WIE FUNKTIONIERT DER AKTIENHANDEL?

Der Aktienhandel für Einsteiger ist weitaus weniger kompliziert, als allgemein vermutet. Wertpapiere wie Aktien werden an der Börse ge- und verkauft. Sie ist wie ein sehr großer virtueller Markt. Die Menschen treffen sich nicht auf einem Wochenmarkt Auge in Auge, sondern treten per Internet in Kontakt. Angebot und Nachfrage bestimmen den Preis. Grundsätzlich gilt: Je höher das Angebot, desto eher fällt der Kurs und je höher die Nachfrage, desto mehr steigt der Kurs. Einsteiger vergessen beim Aktienhandel gerne, dass sie stets einen passenden Handelspartner brauchen, um ein Börsengeschäft abwickeln zu können. Sollen fünf BMW-Aktien verkauft werden, so muss gleichzeitig an der Börse jemand existieren, der fünf BMW-Aktien kaufen will. Zusätzlich muss er mit dem Verkaufspreis einverstanden sein. Der Verkäufer möchte ja einen möglichst hohen Preis herausschlagen. All diese (Ver-)kaufsanfragen werden in einem Orderbuch dokumentiert. Früher übernahmen Börsenmakler die Aufgabe, Käufer und Verkäufer zusammenzuführen, heute erledigen das ausnahmslos Computer.

REGELN BEIM AKTIENHANDEL

Es gibt einige sehr wichtige Aktienhandel – Einsteigertipps, welche zu Herzen genommen werden sollten, um keine persönliche Dotcom-Blase zu erleiden. Dazu gehören:

Niemals, und zwar wirklich niemals Aktien oder andere Wertpapiere auf Kredit kaufen. Ganz gleich, wie aussichtsreich die Erfolgschancen auch sein mögen, dies ist die größtmögliche Sünde an der Börse. Der Anleger handelt nur mit Geld, welches er entbehren kann.

Es kann fatal sein, jedem Trend und jedem Geschrei zu folgen. Wenn schon ungefragt auf einen Zug aufspringen, der mit Aktien für Einsteiger wirbt, dann dies unbedingt hinterfragen. Viele Anleger von 2000 sind deshalb gescheitert, weil sie auf Empfehlung von Bekannten oder der Masse gekauft haben, ohne sich darüber Gedanken zu machen, was sie eigentlich erwerben oder gar das Prinzip von Aktien verstehen.

Jedes Jahr verlieren viele Sparer mehrere Milliarden Euro, da sie auf Betrüger hereinfallen, welche hohe Versprechungen machen. Aktien extra für Anfänger kaufen und sehen, wie sich das Geld vermehrt? Ist möglich, aber nur mit höherem Risiko. Sobald die versprochene Rendite signifikant über dem aktuell herrschenden Marktzins liegt, bedeutet dies bei Kauf ein Risiko, (Total-)Verlust zu erleiden.

Börse ist Psychologie: Anfängern muss klar sein: Der größte Feind an der Börse sind nicht fallende Kurse, eine Wirtschaftskrise oder Krieg im Nahen Osten, sondern der Mensch selbst. Die Psychologie spielt uns gerne gemeine Streiche. Wir glauben die Kontrolle über unser Geld zu haben, dabei triumphieren zu häufig Emotionen über Kognitionen.

Niemand macht gerne Verluste. Wenn eine Aktie im Depot minus 20 Prozent aufweist, wollen wir partout nicht verkaufen. Wir würden Verluste machen.

Folgende Frage ist unter anderem sich selbst zu stellen: Würde ich diese Aktie heute kaufen? Bei Verneinung sollte ein Verkauf in Erwägung gezogen werden. Natürlich stellen diese Einsteigertipps im Aktienhandel bei weitem nicht alle da, deshalb gilt: Sich unbedingt fortbilden.

KENNZAHLEN AUS DER BILANZ FÜR DIE FUNDAMENTALANALYSE

1. Marktkapitalisierung

Die Marktkapitalisierung ist eine wichtige Kennzahl und bildet die Basis der Fundamentalanalyse. Sie gibt an, wie viel das Unternehmen wirklich wert ist. Die Berechnung der Marktkapitalisierung erfolgt aus dem Produkt der Anzahl der Aktien mit dem aktuellen Aktienkurs. Die Marktkapitalisierung macht der Unternehmenswert greifbar in einer Zahl, die wir mit anderen, vergleichbaren Unternehmen aus der Branche vergleichen können und so unsere ersten Schlüsse ziehen können, ob die Aktie teuer oder günstig ist im Vergleich zu Branchenpartnern. Ändert sich der Preis der Aktien, so ändert sich im gleichen Rahmen auch die Marktkapitalisierung und damit der Börsenwert des Unternehmens.

2. Umsatz

Der Umsatz ist ein wichtiger Faktor, aber er alleine hat noch keine große Aussagekraft wie gut ein Unternehmen wirtschaftet. Auch der beste Umsatz ist wertlos, wenn auf Dauer keine Gewinne erwirtschaftetet werden. Der Umsatz gibt also an, wie viel das Unternehmen durch den reinen Verkauf einnimmt, ohne die Kosten abzuziehen. Mit dem Umsatz kann man auch sehen, wie viel das Unternehmen vom Gesamtmarkt einnimmt, also welchen Marktanteil das Unternehmen hat. Hohe Umsätze und vor allem ein gutes Umsatzwachstum sind wichtige Kennzahlen, die beurteilen wie das Unternehmen im Markt ankommt und welche Position es hat. Der Umsatz bildet die Grundlage für die Berechnung des Gewinns.

3. Gewinn, EBITDA, EBIT und Umsatzrendite

Der Gewinn gibt direkte Informationen über die Profitabilität eines Unternehmens. Der Gewinn setzt sich aus dem Umsatz zusammen und den gesamten Kosten, die während der Produktion und darüber hinaus anfallen. Für den Gewinn gibt es drei verschiedene Fachbegriffe.

Das EBITDA ist der Gewinn vor Zinsen, Steuern und Abschreibungen; also Umsatz minus die Produktionskosten (Material, Löhne, etc.).

Das EBIT ist der Gewinn vor Zinsen und Steuern. Es ist quasi das EBITDA, dass aber noch die Abschreibungen zusätzlich zu den Produktionskosten vom Umsatz abzieht. Das was dann am Ende des Jahres übrig bleibt, der reine Gewinn, nennt sich Jahresüberschuss.

Teilt man den Jahresüberschuss durch den Umsatz so erhält man die Umsatzrentabilität. Die Umsatzrentabilität, oder auch Umsatzrendite genannt, sagt aus, wie viel Gewinn mit 1 € Umsatz erwirtschaftet wird. Je größer die Umsatzrentabilität, desto produktiver ist das Unternehmen. Je höher die Umsatzrentabilität, desto besser! Wie auch beim Umsatz ist ein stetiges Gewinnwachstum sehr gut für den künftigen Aktienkurs. Denn je höher die Umsatzrendite, desto geringer die Kosten, desto mehr

Geld bleibt für Investitionen und Wachstum und damit steigt auch das Kurspotential. Da man nicht pauschal sagen kann, ab wann eine Umsatzrendite gut ist, sollte man diese immer im Vergleich zu den Mitbewerbern sehen und beurteilen.

4. Eigenkapitalquote, Eigenkapitalrendite und Verschuldungsgrad

Eigenkapital ist das Reinvermögen des Unternehmens, also dass was das Unternehmen selbst besitzt und nicht an Dritte zurückgezahlt werden muss. Das Eigenkapital entsteht durch die Gewinne, Besitztümer von Gebäuden und dem eingenommenen Kapital aus Aktienemissionen. Ein Aktionär ist also ein Eigenkapitalgeber. Fremdkapital im Gegensatz dazu sind Verbindlichkeiten, oft festverzinste Kredite, die das Unternehmen von Geldgebern erhalten hat und irgendwann später wieder zurückzahlen muss. Die Eigenkapitalquote ist das Verhältnis von Eigenkapital zum Gesamtkapital. Eine hohe Eigenkapitalquote bedeutet, dass ein Unternehmen wenig Schulden und Verbindlichkeiten hat. Die Eigenkapitalquote hat direkten Einfluss auf die Kreditwürdigkeit, was für große Investitionen, die über neues Fremdkapital finanziert werden sollen, von großer Bedeutung ist. Auch für die Krisenfestigkeit ist eine hohe Eigenkapitalquote von Vorteil.

Die Eigenkapitalrendite (Englisch: Return of Equity) ist das EBIT geteilt durch das Eigenkapital. Diese Kennzahl gibt an, wie sich das Eigenkapital über das Geschäftsjahr verzinst und vermehrt hat. Eine niedrige Eigenkapitalrendite ist ein Warnsignal für unrentabel gebundenes Kapital, also Kapital, dass kein Gewinn erwirtschaftet und quasi „tot" ist. Zusammen mit anderen Kennzahlen kann es auf eine Überbewertung des Unternehmens hindeuten und eine Korrektur der Bewertung erahnen lassen.

Der Verschuldungsgrad ist das Verhältnis von Fremdkapital zu Eigenkapital. Je höher der Verschuldungsgrad desto mehr Fremdkapital steckt im Unternehmen. Viel Fremdkapital bedeutet gleichzeitig einen erhöhten Zinsaufwand, was sich negativ auf den Gewinn auswirkt und somit auch andere Kennzahlen beeinflusst wie Jahresüberschuss oder Umsatzrendite. Mehr Fremdkapital bedeutet für den Eigenkapitalgeber auch ein höheres Verlustrisiko, sollte das Unternehmen man in Schieflage geraten.

5. Kurs-Gewinn-Verhältnis (KGV)

Das KGV ist vielen aus dem Bereich des Value-Investing bekannt und ist dort eine der wichtigsten Kennzahlen zur Bewertung eines Unternehmens. Es berechnet sich aus dem Kurs einer Aktie geteilt durch den Gewinn je Aktie. Haben wir zum Beispiel einen Kurs von 20 € und einen Gewinn von 2 € je Aktie, haben wir einen KGV von 10. Das ist gleichbedeutend als dass es 10 Jahre dauern würde, bis das Unternehmen seine Marktkapitalisierung durch den Gewinn erwirtschaftet hat. Heutzutage gilt ein KGV von 12 bis 25 als normal. Alles unter 12 ist günstig bewertet und somit kaufenswert, alles über 25 ist hoch bewertet. Zur Veranschaulichung: Der historische KGV-Durchschnitt der DAX-Konzerne liegt bei 14, nach der Finanzkrise Ende 2008 sogar unter 10. Es ist jedoch dringend ratsam nicht nur den KGV für die Investitionsentscheidung heranzuziehen, da ein günstiges Unternehmen nicht gleichzeitig ein gutes Unternehmen sein muss!

6. Kurs-Umsatz-Verhältnis (KUV)

Das KUV berechnet sich nach der gleichen Methode wie das KGV, nämlich aus dem Kurs der Aktie geteilt durch den Umsatz je Aktie. Das KUV wird vor allem dann verwendet, wenn Unternehmen noch keinen Gewinn erzielen. Besonders bei jungen Unternehmen oder Unternehmen, die die Kehrtwende aus einer Krise genommen haben wird eher das KUV als Bewertungskriterium herangezogen, da es zu dem Zeitpunkt eine bessere Aussagekraft hat. Generell sollte aber möglichst das KGV verwendet werden, da das KUV die Profitabilität des Unternehmens nicht berücksichtigt. Während der Dotcom-Blase wurden teilweise exorbitant hohe Bewertungen mit dem KUV begründet. Wie es sich herausgestellt hat, ging das nicht lange gut!

7. Kurs-Cash-Flow-Verhältnis (KCV)

Das KCV ist das Verhältnis von Kurs je Aktie durch Cash-Flow je Aktie und ist eine Kennzahl, die die Liquidität eines Unternehmens widerspiegelt. Das KCV wird gerne verwendet, wenn das KGV aufgrund von Verlusten nicht anwendbar ist. Je niedriger das KCV ist, desto günstiger ist eine Aktie bewertet, da sie eine hohe Liquidität aufweist.

8. Kurs-Buchwert-Verhältnis (KBV)

Das KBV ist das Verhältnis von Kurs je Aktie zu Buchwert je Aktie ist eine substanzielle Kennzahl. Der Buchwert eines Unternehmens ist die Bilanz von Vermögens- und Schuldteilen. Nach der Theorie des Value-Investing ist ein niedriger KBV ein Merkmal eines günstig bewerteten Unternehmens. Nicht repräsentativ ist das KBV allerdings bei Beteiligungs- oder Immobiliengesellschaften, da dass KBV deren stille Lasten und Reserven nicht berücksichtigt und somit den Wert des KBV verfälscht.

9. Dividendenrendite

Die Dividendenrendite ist das Verhältnis von Dividende zu Aktienkurs und ist besonders für Investoren interessant, die die Dividendenstrategie anwenden. Eine hohe Dividendenrendite bedeutet für den Aktionär eine hohe „Verzinsung" seiner Investition. Ab wann eine Dividendenrendite als gut befunden wird ist sehr subjektiv und legt jeder für sich selbst fest.

Dividendenrenditen über 10 % sind eher Ausnahmen und entstehen oft durch plötzliche Kursrutsche oder starke Dividendenanhebungen. Die Dividendenrendite ist lediglich eine Momentaufnahme und hat keine Aussage über zukünftige Dividendenzahlungen des Unternehmens.

10. Zinsdeckungsgrad

Der Zinsdeckungsgrad ist das EBIT geteilt durch den Zinsaufwand für alle fremden Verbindlichkeiten. Ein niedriger Zinsdeckungsgrad lässt sich auf eine hohe Verschuldung zurückführen und bedeutet negative Auswirkungen auf Gewinn und Liquidität. Ein Zinsdeckungsgrad kleiner als 1 ist besonders kritisch, da anfallenden Zinsen für das Fremdkapital nicht mit dem operativen Geschäft erwirtschaftet werden, was nicht nachhaltig ist.

WIE RISKANT SIND AKTIEN?

Beobachtungen aus dem DAX-Renditedreieck
Von den letzten 50 einjährigen Halteperioden endeten 13 mit einer negativen Performance und 37 mit einer positiven Performance. Die Wahrscheinlichkeit, nach einem Jahr im Minus zu liegen, betrug in den letzten 50 Jahren also 26 %. Die minimale Rendite lag bei -43,9 % bei einem Investment von 2001 auf 2002. Die maximale jährliche Rendite betrug erstaunlich hohe 84,1 % bei einem Investment von 1984 auf 1985.

Nehmen wir nun mal an, wir hätten tatsächlich den schlechtesten Einstiegszeitpunkt der letzten Jahrzehnte, nämlich einen Einstieg im Jahr 2001 gewählt. Nach einem Jahr Haltedauer betrug der Verlust -43,9 %. Ich habe vorhin die Hypothese aufgestellt, dass der Zeithorizont darüber entscheidet, ob eine Aktienanlage risikoreich ist. Daher nehmen wir nun mal an, wir hätten diese „unglückliche" Anlage mit Kauf im Jahr 2001 einfach weiter gehalten. Ende 2016 betrug die durchschnittliche, jährliche Rendite schon positive 5,5 % pro Jahr. Die Aktienanlage in den DAX hat das Sparbuch geschlagen, obwohl wir zum unglücklichsten Zeitpunkt überhaupt eingestiegen sind. In 2017 hat der DAX erneut um mehr als 10 % zugelegt und so die Bilanz unserer „dummen" Investition weiter verbessert.

Es fällt noch etwas auf: Je länger der Anlagehorizont, desto eher gleichen sich die Renditen einem langfristigen Durchschnitt an. Wer seine Aktien nur ein Jahr hält, der konnte in den letzten Jahren zwischen -43,9 % und +84,1 % so ziemlich alles erwischen. Wer seine Aktien mindestens 20 Jahre gehalten hat, der konnte eine jährliche Rendite zwischen +5,2 % (im schlechtesten Fall) bis +14,0 % (im besten Fall) erzielen.

Beobachtungen aus dem DAX-Renditedreieck
Von den letzten 50 einjährigen Halteperioden endeten 13 mit einer negativen Performance und 37 mit einer positiven Performance. Die Wahrscheinlichkeit, nach einem Jahr im Minus zu liegen, betrug in den letzten 50 Jahren also 26 %. Die minimale Rendite lag bei -43,9 %

bei einem Investment von 2001 auf 2002. Die maximale jährliche Rendite betrug erstaunlich hohe 84,1 % bei einem Investment von 1984 auf 1985.

Nehmen wir nun mal an, wir hätten tatsächlich den schlechtesten Einstiegszeitpunkt der letzten Jahrzehnte, nämlich einen Einstieg im Jahr 2001 gewählt. Nach einem Jahr Haltedauer betrug der Verlust -43,9 %. Ich habe vorhin die Hypothese aufgestellt, dass der Zeithorizont darüber entscheidet, ob eine Aktienanlage risikoreich ist. Daher nehmen wir nun mal an, wir hätten diese „unglückliche" Anlage mit Kauf im Jahr 2001 einfach weiter gehalten. Ende 2016 betrug die durchschnittliche, jährliche Rendite schon positive 5,5 % pro Jahr. Die Aktienanlage in den DAX hat das Sparbuch geschlagen, obwohl wir zum unglücklichsten Zeitpunkt überhaupt eingestiegen sind. In 2017 hat der DAX erneut um mehr als 10 % zugelegt und so die Bilanz unserer „dummen" Investition weiter verbessert.

Es fällt noch etwas auf: Je länger der Anlagehorizont, desto eher gleichen sich die Renditen einem langfristigen Durchschnitt an. Wer seine Aktien nur ein Jahr hält, der konnte in den letzten Jahren zwischen -43,9 % und +84,1 % so ziemlich alles erwischen. Wer seine Aktien mindestens 20 Jahre gehalten hat, der konnte eine jährliche Rendite zwischen +5,2 % (im schlechtesten Fall) bis +14,0 % (im besten Fall) erzielen.

Welche Gelder sollten in Aktien investiert werden?
Gelder, die in nächster Zeit benötigt werden (könnten), gehören nicht in Aktien, sondern auf das Tagesgeldkonto oder das Girokonto. Das ist auch gar nicht schlimm, denn wer ein Jahr Investment an der Börse verpasst, verpasst auch „nur" rund 7-10% statistische Rendite.

Riskant ist es also, die notwendige Grundliquidität für Urlaube, Neuanschaffungen bis hin zum Auto (wenn geplant) oder zum bevorstehenden Immobilienkauf in den kommenden Jahren an den Börsen zu investieren.

Soll das gesparte Vermögen hingegen langfristig, sprich auf Sicht von mehr als 10 Jahren angelegt werden, ist die riskante Variante das Konto. Denn hier findet zwar keine Kursschwankung nach unten statt, aber es erfolgt eben auch keine Verzinsung. Viel schlimmer noch: Die Inflation frisst immer mehr Kaufkraft weg, schließlich können wir uns Jahr für Jahr für's gleiche Geld immer weniger kaufen. Darüber hinaus gehen wir mit einer solchen Anlage das Risiko ein, dass Draghi für böse Überraschungen sorgt. Meine Oma findet ein Sparbuch nicht so sicher. Im 20. Jahrhundert wurden in Deutschland zweifach die Währungen getauscht. Sparvermögen war danach verloren. Draghi ist derzeit tüchtig dabei, dass gleiche Ereignis im frühen 21. Jahrhundert zu wiederholen. Euros sind nur deshalb etwas wert, weil wir alle darin vertrauen. Schwindet dieses, können wir uns davon nichts mehr kaufen. Es ist keine Sachwährung.

Aktienanlagen hingegen haben in den USA ab 13 Jahren Anlagedauer stets eine positive Verzinsung eingebracht! Denn langfristig geht es an den Börsen nach oben. Die Börse ist kein Auf und Ab, sondern ein Auf, Auf, Ab, Auf, Auf, Ab. Aktien sind Sachwerte und haben in jeder erdenklichen Währung einen Nutzen.

Siemens-Aktionären ist es egal, ob sie ihre Dividenden in Euros, D-Mark, Reichsmark oder Bitcoin bekommen werden. Bei einer langfristigen Anlage schützt der Sachwert vor Kaufkraftverlust und Schwankungen nach unten erreichen nicht mehr das Einstiegsniveau, sodass die Anlage in jedem Fall positiv bleibt. Dazu kommt: Bei 20 Jahren Haltedauer ist eine Vervierfachung bis eine Verachtfachung des Vermögens wahrscheinlich. Die entgangene Rendite des Sparbuchs ist ein weiteres Risiko.

Die Grundregeln einer erfolgreichen Aktienanlage

Nun noch kurz zu den Grundregeln, damit eine solche Rechnung auch aufgeht. Diese lauten:

Ausreichend diversifizieren, damit das Vermögen nicht von der Entwicklung eines einzelnen Unternehmens abhängt.
Geduldig und stur sein, gerade in zwischenzeitlich auftretenden Tälern. Dabei bleiben.
Und drittens: Nur das Geld investieren, das langfristig nicht gebraucht wird.

CHANCEN

Hohe Rendite

Wer Aktien kauft, will natürlich auf diese Weise das eigene Vermögen vermehren und rückblickend lässt sich sagen, dass langfristig keine andere Anlageform eine höhere Rendite ermöglichte. In zahlreichen Untersuchungen wurde die Überlegenheit der Aktien gegenüber anderen Anlagearten immer wieder bestätigt – zumindest auf lange Sicht.

Dividendenzahlungen

Ein Aktionär kann nicht nur vom Wertzuwachs der Aktien an der Börse profitieren. Wer Aktien besitzt, erhält außerdem Dividenden, die ein Unternehmen regelmäßig an die eigenen Aktionäre auszahlt. Dividenden werden immer pro Aktie ausgeschüttet und je mehr Wertpapiere jemand besitzt, desto höher sind die entsprechenden Beträge.

Profitable Unternehmen

Auch birgt der Aktienhandel die Chance, ein junges Unternehmen oder eine neue Branche zu entdecken, die eine glänzende Zukunft vor sich haben und an der die Aktionäre mit profitieren können. Wer zum Beispiel im Jahr 1952 in den S&P Index investiert hat, kann sich bis heute auf eine Jahresrendite von 12 Prozent freuen. Solche Beispiele gibt es zuhauf und wohl jeder Aktionär träumt insgeheim von einer solchen Chance.

WELCHER ONLINE BROKER?

Dor man sich für einen Online Broker entscheidet, steht die Frage im Raum „Welcher Online Broker ist der Beste?". Als Anhaltspunkt gilt, dass es den perfekten Broker für jeden Anleger nicht gibt. Das Angebot am Markt ist äußerst umfangreich, so dass gerade Einsteiger leicht den Überblick verlieren können. Um als Anleger den besten Broker zu finden, muss man sich also Gedanken zum persönlichen Bedarf machen. Sobald man sich festgelegt hat, welches Produktspektrum der Broker zur Verfügung stellen soll, findet man auch den passenden Anbieter sehr viel leichter. Letztlich ergibt sich für jeden Anleger also eine ganz individuelle Wahl seines perfekten Brokers, denn sie hängt stark von seinen bevorzugten Kriterien ab. Doch wie erkennt man, welcher Online Broker empfehlenswert ist?

Welcher Online Broker? Die wichtigsten Infos im Überblick

- Zuerst legt man die individuellen Kriterien für die Auswahl fest
- Dann prüft man die Angebote der Broker im Detail
- Dabei sollte man auch auf die Produktpalette, den Standort und die Regulierung achten
- Weitere Konditionen wie Kosten und Mindesteinlagen sind zu prüfen
- Die Angaben zur Kontoeröffnung sind maßgeblich
- Die Handelsplattform sollte nutzerfreundlich sein
- In Onlineforen findet man Hinweise zu Kundenerfahrungen
- Die aktuellen Testergebnisse spielen eine Rolle
- Die Kandidaten mit besten Testprädikaten sind zu vergleichen
- Der Broker mit dem passenden Angebot und dem besten Prädikat ist optimal

1. Welcher Online Broker ist der Richtige? Die Merkmale seriöser Broker

Icon_WebseiteNoch bevor man sich Gedanken macht, welche Anforderungen man selbst an den perfekten

Broker stellt, sollte man sich die Frage „Was ist ein Broker?" beantworten können. Danach lohnt sich ein Blick auf die Merkmale der gängigen Anbieter am Markt. Die Top-Kandidaten unterscheiden sich nämlich nicht wesentlich hinsichtlich der wichtigsten Kriterien. Allerdings muss man wissen, dass nicht jeder Broker diese maßgeblichen Faktoren zur vollen Zufriedenheit erfüllt. Wenn aber ein Kandidat im unabhängigen Test mehrfach mit besten Ergebnissen ausgezeichnet wurde, lässt das darauf schließen, dass es sich insgesamt um einen sehr empfehlenswerten Kandidaten handelt. Doch auf welche Kriterien sollte man unbedingt achten? Welche Merkmale machen einen seriösen Broker aus, bei dem auch ein Einsteiger mit dem Handel beginnen kann?

Regulierung
Ein Top-Broker, wie zum Beispiel FXTM sollte immer der Regulierung durch seine nationale Bankenaufsicht unterliegen. In Deutschland ist dies die Bundesanstalt für Finanzdienstleistungsaufsicht (BaFin). Wenn sich ein in Deutschland ansässiger Broker der Überprüfung durch die BaFin unterwirft, bedeutet das, dass seine

Geschäfte, seine Transaktionen und auch sein Angebot von der Verbraucherschutzinstitution kontrolliert werden. Damit ist es nahezu unmöglich, unlautere Geschäfte mit Kundengeldern zu machen oder ein in irgendeiner Form unsauberes Geschäftsgebaren an den Tag zu legen. Der Anleger ist bei einem kontrollierten Broker sehr viel sicherer, dass alle Transaktionen seriös, transparent und nachvollziehbar abgewickelt werden. Wichtig zu wissen ist, dass die Regulierungsbehörde jeweils diejenige am Standort des Brokers ist. Das heißt, ein aus Zypern stammender Broker wird in Zypern durch die dortige Regulierungsbehörde CySEC beaufsichtigt und erfüllt damit ein wichtiges Qualitätsmerkmal. Unterhält dieser Broker allerdings eine Niederlassung in Deutschland, sollte er auch der deutschen Kontrollbehörde BaFin unterliegen. Für den Anleger ist dies das Zeichen maximaler Sicherheit bei allen Handelstransaktionen – auch, wenn sichere Aktien im Grunde nicht existieren.

Einlagensicherung
Als Anleger sollte man wissen, was es mit der Einlagensicherung des Brokers auf sich hat. Eine in der

EU tätige Bank wird eine gesetzliche Einlagensicherung von 100.000 Euro für jeden Anleger vorsehen. Das heißt, dass investierte Kundengelder in dieser Höhe geschützt sind, selbst wenn die Bank in eine wirtschaftliche Schieflage gerät. Gerade die deutschen Banken bieten eine höhere Einlagensicherung an und sind damit besonders kundenfreundlich. Sie kommen mit einem Teil ihres Eigenkapitals für Verluste auf, die bei einer Insolvenz entstehen könnten. Allerdings muss man wissen, dass die Einlagensicherung vor allem bei sogenannten Sichtgeldern wie Tages- und Festgeldern oder Sparkonten gilt. Wer Aktien, Rohstoffe, Devisen oder andere spekulative Assets handelt, ist von der Einlagensicherung nicht betroffen. Sie kommt dafür nicht zur Anwendung, so dass bei diesen Handelsgeschäften Verluste aus Wertschwankungen auftreten können.

Kundenservice

Einen guten Broker erkennt man daran, dass er mindestens eine Niederlassung in Deutschland hält. Diese Niederlassung sollte zu den üblichen Geschäftszeiten und an den Tagesrandzeiten online, per Mail und telefonisch zu erreichen sein. Auch ein Blick auf die FAQ ist maßgeblich, diese sollten von einem guten Broker zur Verfügung gestellt werden. Bei jeder Form von Kundensupport geht es darum, dem Anleger ein Maximum an Transparenz zu bieten, sodass er weiß, man mit seinen Transaktionen geschieht, welche Wege sein Geld geht und wo er Hilfe bekommt. Es spricht für einen guten Broker, wenn er durch eine gute Erreichbarkeit und durch eine maximale Verständlichkeit und Transparenz überzeugt und keine Geheimnisse vor seinem Kunden hat.

Kundenerfahrungen
Ein wichtiges Merkmal herausragender Broker sind die Meinungen der Kunden. In den gängigen Onlineforen findet man häufig einen regen Austausch über die besten Kandidaten. Es lohnt sich, einen Blick auf die Meinungen der erfahrenen Händler zu werfen. Wenn sich hier zeigt, dass einzelne Anbieter immer wieder durch bestimmte Kriterien auffallen, kann das ein Grund sein, von einer Handelsbeziehung Abstand zu nehmen. Umgekehrt kann es aber auch für einen Online Broker sprechen, wenn andere Anleger bereits sehr

gute Erfahrungen mit ihm gemacht haben. Oft erfährt man in den Onlineforen viele nützliche Hintergrundinfos, die aus den plakativ aufgemachten Werbeseiten so nicht auf Anhieb zu entnehmen sind.

Auszeichnungen
Wenn man sich fragt, welcher Broker zu empfehlen ist, lohnt sich ein Blick auf die aktuellen Testergebnisse. Ein Anbieter, der bereits mehrfach im Test überzeugen konnte, ist auf jeden Fall eine gute Wahl, sofern die Produktpalette den persönlichen Präferenzen entspricht. Maßgeblich ist auch, dass die Testergebnisse über mehrere Jahre hinweg konstant sind. Ein Broker, der sich im Test mehrfach verbessen konnte, ist natürlich ebenfalls zu empfehlen. Dagegen sollte man von einem Anbieter Abstand nehmen, der in der Analyse durch eine zunehmende Verschlechterung wiederholt aufgefallen ist.

Bevor man sich die Frage stellt „Welcher Online Broker ist der Beste?", ist ein Blick auf die wichtigsten Kriterien relevant. Einen seriösen Anbieter erkennt man daran, dass er sich der Regulierung durch die örtliche

Finanzaufsichtsbehörde unterwirft. Er sollte eine umfassende Einlagensicherung anbieten und einen Kundenservice vorhalten, der auf mehreren Kanälen mindestens zu den üblichen Geschäftszeiten erreichbar ist. Auch die Testergebnisse sind ein zuverlässiges Qualitätsmerkmal.

Hat man sich die Frage „Wie funktioniert die Börse?" erst einmal beantwortet, kann man zum Anbietervergleich übergehen. Wer herausfinden will, welcher Broker optimal zum individuellen Anlageverhalten passt, muss sich natürlich zuerst Gedanken machen, welche Kriterien eigentlich wichtig sind. Es lohnt sich, kurz darüber nachzudenken, ob man mit Aktien, Devisen, Rohstoffen oder anderen Assetklassen handeln will. Man sollte auch kurz überlegen, ob der Broker einen Standort in Deutschland haben soll. Ebenso spielt es eine Rolle, ob man einen kontrollierten Anbieter wünscht. Schließlich könnten auch die Kosten und die Mindesteinlagen für die Entscheidung maßgeblich sein.

Sobald man sich festgelegt hat, welche Kriterien der perfekte Broker erfüllen soll, kann man sich auf die Suche machen. Es ist gar nicht so schwierig, auf die Frage, welcher Online Broker empfehlenswert ist, eine passende Antwort zu finden. Im besten Fall prüft man in den aktuellen Testergebnissen, zu welchen Resultaten die unabhängigen Analysten gekommen sind. Wenn man sich dann für einen Anbieter entscheidet, der den persönlichen Präferenzen entspricht und der außerdem im Test mit Bestnoten bewertet wurde, hat man seinen persönlichen Top-Broker gefunden. Darüber hinaus ist jedoch auch die Frage „Was kostet ein Depotübertrag?" bei der Anbietersuche von großer Bedeutung.

Icon_ZertifikateEinen Anbietervergleich kann man mit einem überschaubaren Aufwand durchführen. Dazu eignen sich die neuesten Testergebnisse. Wenn ein Broker von mehreren unabhängigen Einrichtungen mit Bestnoten ausgezeichnet wurde, ist das ein deutliches Indiz, dass dieser Kandidat für den Handel gut zu empfehlen ist. Bei einem Testsieger können auch

Einsteiger mit dem Handel beginnen und das Geschäft dort Schritt für Schritt erlernen.

3. Deine individuellen Kriterien sind entscheidend!
Ein Vergleich der Anbieter ist natürlich wichtig, wenn man den optimalen Broker finden will. Doch ausschlaggebend sind die persönlichen Kriterien. Im besten Fall passen sie genau zum Angebot des Brokers. Wenn ein Anleger bevorzugt in Tages- oder Festgelder investieren will, benötigt er einen anderen Anbieter als ein Kandidat, der an Exchange Traded Funds (ETFs) oder an Differenzkontrakten (CFDs) interessiert ist. Wer bevorzugt auf den US-amerikanischen oder in Asien investieren will, ist mit einem Broker mit europäischem Schwerpunkt vielleicht nicht optimal beraten. Und auch die Frage nach der Regulierung, nach den Handelskosten und nach den Mindesteinlagen kann eine Rolle spielen.

Letztlich gibt es also den einen idealen Broker nicht. Wenn ein Anbieter heute perfekt zu den eigenen Kriterien passt, kann sich das Bild bei veränderten Anforderungen wandeln. Als Anleger muss man sich darüber im Klaren sein, dass der richtige Handelspartner also sehr gut wechseln kann, wenn sich irgendwann das eigene Handelsverhalten ändert. Deshalb spielen die individuellen Kriterien bei der Suche nach dem besten Broker eine große Rolle. Auch die Konditionen gehören dazu, weshalb im Vorfeld auch die Frage „Was kostet ein Depotwechsel?" beantwortet werden muss.

Die persönlichen Anforderungen des Anlegers sind bei der Entscheidung für den idealen Broker ausschlaggebend. Deshalb gibt es auf die Frage, welcher Online Broker optimal geeignet ist, keine pauschale Antwort. Der ideale Handelspartner kann sich ändern, wenn man seine Handelspräferenzen und sein Anlageverhalten anpasst. Selbst wenn ein Broker viele Jahre lang alle Anforderungen erfüllt hat, entscheidet sich ein erfahrener Anleger vielleicht irgendwann doch für einen anderen Kandidaten.

4. Online Broker gefunden? So funktioniert die Kontoeröffnung!

Icon_KonditionenFür die Kontoeröffnung sind in der Regel nur wenige Schritte erforderlich. Der Anleger muss seine persönlichen Daten angeben. Dazu gehören der Name, die Adressdaten und das Geburtsdatum. Bevor man den Handel mit echtem Geld beginnt, ist üblicherweise eine Identitätskontrolle erforderlich. Damit weist der Anleger nach, dass er das 18. Lebensjahr vollendet hat. In der Regel schickt der Anbieter seinem neuen Kunden alle wichtigen Unterlagen auf dem Postweg zu. Sofern man den Handel über die eigene Onlinebank aufnimmt und dort bereits ein Konto eröffnet hat, muss nur noch ein Depot eröffnet werden. Das funktioniert ebenfalls online, nach wenigen Tagen erhält der Anleger dann alle Unterlagen für die Depoteröffnung per Post. Wissen muss man, dass immer mehr Broker eine Kontoeröffnung per VideoIdent-Verfahren erlauben. Damit entfällt das PostIdent-Verfahren, bei dem man zunächst eine Postfiliale aufsuchen muss. Auf diese kann man sein Depot einrichten, ohne dafür viel Zeit oder Arbeit aufwenden zu müssen.

Für eine Kontoeröffnung benötigt man nur wenige Angaben. Nach der Eröffnung erhält man die erforderlichen Dokumente häufig auf dem Postweg zugeschickt. Dabei sind auch die nötigen Unterlagen für die Identifikation durch das PostIdent-Verfahren enthalten. Damit die Kontoeröffnung noch schneller möglich ist, bieten die Banken zunehmend das VideoIdent-Verfahren an. Es wird online durchgeführt und erspart den Besuch der Postfiliale.

5. Die besten Online Broker aus dem Vergleich im Überblick
Im Jahr 2016 wurden bereits mehrfach aktuelle Testergebnisse für die besten Online Broker veröffentlicht. Einen Testsieger, der in allen Analysen überzeugt hat, gibt es nicht.

In unserem Vergleich konnte sich allerdings Flatex mit seinem attraktiven Flat-Gebührenmodell, das insbesondere Vieltradern passende Konditionen bietet, als bester Discount-Broker etablieren. Für den internationalen Handel sammeln Kunden indes bei DeGiro die besten Erfahrungen: Das niederländische

Unternehmen kann durch ein zuverlässiges Sicherungsumfeld, eine benutzerfreundliche Handelsplattform und durch eine gebührenfreie Depotführung überzeugen. Mit dem besten Allround-Broker können Kunden indes bei der Consorsbank Erfahrungen sammeln: Das deutsche Unternehmen bietet mit seiner BaFin-Regulierung und der freiwilligen Einlagensicherung bis zu einer Höhe von über 5 Millionen Euro nicht nur ein zuverlässiges Sicherungsumfeld, denn Kunden können darüber hinaus ein kostenfreies Depot für den Handel zahlreicher verschiedener Wertpapiere nutzen – und für sicherheitsorientierte Anleger sind zudem auch Tagesgeld- und Festgeldkonten verfügbar.
Trotzdem spielt zuletzt auch hier das Profil des Anlegers eine Rolle, damit man den besten Broker für das eigene Anlageverhalten identifiziert.

Im Online Broker Test 2016 haben bisher sowohl die Broker der großen Internetbanken mit soliden Ergebnissen abgeschnitten als auch die Broker ohne Vollbankangebot. Der Anleger hat somit ein breites Spektrum an Kandidaten zur Auswahl und kann sich frei entscheiden, ob er einen Broker wählt, der an eine Internetbank gekoppelt sein soll oder ob es sich um einen freien Anbieter handeln darf.

6. FAQ: 5 Fragen und Antworten zum Thema im Überblick

Welcher Broker ist der beste Anbieter?
Einen Broker, der für alle Anleger perfekt geeignet ist, gibt es nicht. Die optimale Wahl hängt immer von dem individuellen Anlageverhalten ab.

Wie findet man den perfekten Broker?
Der ideale Broker hängt vom eigenen Anlageverhalten ab. Die Top-Broker führen mindestens ein Testsiegerprädikat aus einem unabhängigen Test.

Wie eröffnet man ein Konto?
Die Kontoeröffnung kann meist online gemacht werden. Danach ist eine Identifikationsprüfung erforderlich. Sie wird mit dem PostIdent-Verfahren und bei vielen Banken auch mit dem VideoIdent-Verfahren durchgeführt.

Welche Kriterien spielen bei der Brokerwahl eine Rolle?
Das persönliche Anlageverhalten ist für die Wahl des Brokers maßgeblich. Die gewünschten Assetklassen wie Aktien, Devisen oder Rohstoffe spielen ebenso eine Rolle wie die relevanten geografischen Märkte, die Einlagensicherung, die Regulierung oder der Kundenservice.

Wen kann man bei Fragen und Problemen kontaktieren?
Bei Fragen oder Problemen bei der Depoteröffnung oder dem Handel selbst können die Kunden den Support ihres Brokers kontaktieren, der per E-Mail, Telefon und per Post erreichbar sein sollte.

DIE 10 GRÖSSTEN FEHLER DER AKTIENANLAGE FÜR ANLEGER

Platz 10: Nicht langfristig denken
Gerade private Anleger, die sich noch nicht gut mit Aktien auskennen, haben oft ein Problem damit, langfristig zu denken. Sie sind die Sicherheit des Sparens gewohnt. Zeiträume von mehreren Jahren können sich viele Anleger schlecht vorstellen. Doch auch Profis im Anlagegeschäft passiert dieser Fehler immer wieder.

Wichtig ist, dass nicht nur der letzte Stand einer Aktie anschaut wird. Relevant sind die letzten 5 bis 10 Jahre. Hier sollten auch eventuelle Krisen berücksichtigt werden. Wer mit einer Aktie erfolgreich sein will, braucht langfristig erfolgreiche Unternehmen.

Platz 9: Zu viele Emotionen
Anleger, die erfolgreich Gewinn mit einer Aktie einfahren möchten, sollten immer einen kühlen Kopf

bewahren. Im Aktiengeschäft ist es wichtig, rational zu denken. Zu viel Angst vor Verlusten aber auch zu viel Enthusiasmus, schaden oft dem Erfolg im Aktiengeschäft.

Das Ziel: Analysen lesen und Kursverläufe verfolgen – ohne Emotionen. Gerade bei populären Aktien löst auch oft die Presse einen Boom aus, der den Wert einer Aktie selten realistisch widerspiegelt.

Platz 8: Immer beim Gleichen bleiben
Gerade private Anleger mit wenig Erfahrung an der Börse kaufen vermehrt Aktien, die Ihnen bekannt vorkommen. Ihnen wird ein niedrigeres Risiko zugeschrieben. Auf ausländische Aktien wird von privaten Anbietern gerne verzichtet. Doch oft ist die Risikoeinschätzung falsch.

Wichtig ist, Aktien zu streuen und dabei verschiedene erfolgreiche Sektoren abzudecken, so wird Kapitalschutz erreicht. Anleger können dabei sowohl inländische als auch ausländische Aktien kaufen, um ihr Risiko zu minimieren. Grundvoraussetzung dafür ist jedoch, dass Anleger das Geschäftsmodell des Unternehmens verstanden haben und für aussichtsreich befinden.

Platz 7: Falsche Infomationswahrnehmung
Medien spielen eine große Rolle im Alltag und im Börsengeschäft. Doch es ist wichtig, die Informationen richtig einzuordnen. Negative Nachrichten sind populärer. Daher fallen positive Nachrichten, gerade wenn es um einen Aktienkurs geht, mehr ins Gewicht. Viele Anleger machen den Fehler, wenn Sie positiv über eine Aktie lesen, diese sofort kaufen zu wollen.

In der Realität sieht es dann aber meist so aus, dass die Insider bereits bei den Gerüchten kaufen und sobald die positive Nachricht offiziell wird, verkaufen sie. Wer genau dann als Privatanleger kauft, wundert sich meist über fallende Kurse, obwohl es eigentlich eine gute Meldung zum Unternehmen gab.

Platz 6: Die falschen Anlagen
Privatanleger aus Deutschland gehen gern auf Nummer sicher. Daher bevorzugen Sie Bundesanleihen oder

Tagesgeldkonten. Doch nur in einheimische Anlagen zu investieren ist sehr kurz gedacht. Die Entwicklung des Euros ist unsicher. Daher ist es ratsam auch in ausländische Wertpapiere zu investieren.

Platz 5: Nicht auf vermeintliche Profis hören
Fondsmanager oder Bankberater genießen oft wenig Ansehen. Viele private Anleger glauben, Sie wüssten am besten, welche Anlage sich lohnt. Doch das ist oft fatal. Fonds sind in der Regel so konzipiert, dass das Risiko stark gestreut ist. Manager sind täglich mit der Beobachtung des Marktes beschäftigt. Hier sollten private Anleger Vertrauen aufbauen, um effizient anlegen zu können.

Platz 4: Kursentwicklungen falsch interpretieren
Um Aktien zu bewerten, sollten eine Zeit zurückverfolgt und unter Umständen auch mit der Chartanalyse die Kurse geprüft werden. Doch noch wichtiger als die Kursentwicklung einer Aktie, sind die Gründe für diese Entwicklung.

Wenn diese falsch interpretiert werden, kommt es schnell vor, dass inkorrekte Rückschlüsse auf die Gegenwart geschlossen werden. Eine Fehlinvestition ist dann oft das Resultat. Wer sich dagegen den Chart in verschiedenen Zeitebenen (täglich, wöchentlich, monatlich) ansieht, erhält ein deutlicheres Bild von Aktienwerten und erlebt seltener eine böse Überraschung.

Platz 3: Verluste zu lange auszusitzen
Viele Kleinanleger nehmen Ihren Einstandpreis als Basis für eine Verkaufsentscheidung. Sinkt eine Aktie unter den Einstandpreis, glauben viele Anleger, dieses Tief aussitzen zu müssen und zu können. In der Regel ist es besser, sich eine Marke zu setzen. Sinkt der Wert einer Aktie unter diesen Punkt, wird die Aktie abgestoßen. So kann man Verluste minimieren.

Wer jeweils etwa monatlich seine Stoploss-Marken neu setzt, muss sich im Zweifelsfall keine Gedanken mehr um den Verkauf machen. So können Gewinne laufen gelassen und Verluste minimiert werden.

Platz 2: Ständiges Kaufen und Verkaufen
Viele Anleger kaufen eine Aktie, sobald Sie etwas Positives darüber lesen. Nach einem idealerweise raschen Kursanstieg, wird die Aktie mit etwas Gewinn wieder abgestoßen. Hier entgeht oft Gewinn, weil der eigentliche Kursanstieg verpasst wird. Zudem kommen Gebühren für das Depot bei der Bank hinzu. Besser ist es langfristig zu denken und seltener zu handeln.

Platz 1: Sich nur an der kurzfristigen Rendite orientieren
Die Rendite ist eine wichtige Kennzahl, um den Wert einer Aktie zu bestimmen. Ziel ist es schließlich, Gewinn zu machen. Doch nur darauf allein kommt es nicht an. Auch ethische Grundsätze und Produkte, die zum Unternehmen gehören können langfristig eine Rolle für die Entwicklung einer Aktie spielen.

Hier sollten Anleger genau prüfen, wie ein Unternehmen aufgestellt ist und, ob es zukunftsfähig ist. Das gilt insbesondere auch für Neugründungen, die schnelle Kursanstiege zu verzeichnen haben. Zahlreiche Aktionäre haben sich damals bei der Telekom die Finger verbrannt, weil sie auch noch auf den Zug aufspringen wollten und den Kursgewinnen hinterher gerannt sind.

DIE 10 SCHLIMMSTEN FEHLER BEIM AKTIENHANDEL

UNINFORMIERT STARTEN

Der Erfolg beim Aktienhandel steht und fällt mit dem Wissen des Privatanlegers. Viele Kleinanleger informieren sich jedoch nicht ausreichend, bevor sie Wertpapiere kaufen. Als Konsequenz gehen sie ein zu hohes Risiko ein, treffen auf unerwartete Kosten oder werden von einer Baisse überrascht. Einsteiger müssen keine dicken Wälzer über den Aktienhandel studieren, aber zumindest Grundwissen in folgenden Bereichen sollten vorhanden sein:

Risiken und Chancen des Aktienhandels
Aktienwahl
Risikomanagement
Anfallende Kosten
Andere Geldanlagemöglichkeiten

RISIKO NICHT STREUEN

Die meisten Privatanleger wissen nicht, wie sie ihr Risiko bei der Geldanlage in Aktien sinnvoll streuen können. Als Konsequenz befindet sich in den meisten Kleinanleger-Portfolios häufig nur eine sehr geringe Anzahl an Aktien, die häufig zudem aus den gleichen Branchen und natürlich aus Deutschland stammen. Natürlich könnte dies auch eine spekulative Anlagestrategie wiederspiegeln, Einsteiger wissen jedoch häufig nicht einmal, dass sie ein unnötig hohes Risiko eingehen.

Eine gute Diversifikation ist jedoch nicht all zu schwer zu erreichen. Der Korrelationseffizient hilft dabei, die Zusammenhänge zwischen den einzelnen Aktien einschätzen zu können und so beruhigter zu schlafen.

KREDIT AUFNEHMEN, UM AKTIEN ZU KAUFEN
Aktien zählen zu den riskanteren Anlageformen. Wenn geraten wird, dass von der Geldanlage 80 Prozent sicher angelegt werden sollen und 20 Prozent spekulativer, fällt ein Großteil der Aktien fraglos in die zweite Kategorie. Aktien schwanken sehr stark im Wert und in einem pessimistischen Szenario muss sogar der

Totalverlust einkalkuliert werden. Wer also einen Kredit aufnimmt, um seine Aktienkäufe zu finanzieren, riskiert, dass er am Ende keine Aktien mehr besitzt, dafür aber noch einen Kredit abbezahlen muss.

Zudem wirken sich die Kreditkosten natürlich auch auf die Rendite aus, die mit den Aktien erreicht werden kann. Wer Kreditkosten von sieben Prozent zahl, muss diesen Zuwachs bei den gekauften Wertpapieren ebenfalls verzeichnen können, damit sich der Kredit überhaupt trägt.

Bei speziellen Aktienkrediten, die die Wertpapiere als Sicherheit nutzen, droht bei Kursverlusten sogar der Verkauf der Aktien durch den Geldgeber. In diesem Fall reicht das Geld aus den Verkäufen natürlich nicht aus, um den Kredit zurückzuzahlen und der Aktienanleger hat Schulden und keine Aktien mehr.

TRANSAKTIONSKOSTEN ZU HOCH
Wenn die Transaktionskosten zu hoch sind, ist es deutlich schwieriger, Aktien rentabel zu handeln. Viele Kleinanleger beachten diesen Punkt nicht ausreichend

und verspielen auf diese Art wichtige und große Renditechancen. Jedoch können Transaktionskosten bei kleinen Positionsgrößen bis zu 10 Prozent des Volumens ausmachen. Dementsprechend müssen Aktien auch eine um zehn Prozent höhere Rendite verbuchen, um überhaupt in die Gewinnzone für den entsprechenden Anleger zu rutschen. Deswegen ist es von unheimlicher Wichtigkeit, die Transaktionskosten möglichst gering zu halten.

Dass die Transaktionskosten zu hoch sind, kann auf unterschiedliche Arten geschehen:

Die Positionsgrößen sind zu klein und somit das Verhältnis der Ordergebühren unangemessen hoch.
Der Online Broker ist zu teuer, weil Anleger aus Bequemlichkeit keinen Depotvergleich durchführen oder wechseln.
Der Anleger handelt zu häufig und verringerte so seine Rendite bei jedem Trade durch Transaktionskosten.

KEIN STOPP-LOSS SETZEN

Ein Stopp-Loss ist im Prinzip wie das Sicherungsseil beim Klettern. Man benötigt es nicht unbedingt, wenn etwas unvorhergesehen schief läuft, kann es jedoch die letzte Rettung darstellen. Gerade Einsteiger vernachlässigen beim Aktienhandel ein gutes Risikomanagement.

Ein erfahrener Anleger wird niemals eine Order aufgeben, ohne direkt eine Stopp-Loss-Marke zu setzten und sich so vor zu hohen Verlusten zu schützen. Ein Stopp-Loss ist die einzige Möglichkeit, die Börse auch einfach mal Börse sein zu lassen und die Kurse nicht ständig beobachten zu müssen, um im Ernstfall eingreifen zu müssen.

Darüber hinaus schützt es davor, von der ursprünglich festgelegten Strategie abzuweichen. Wer sich aus emotionalen Gründen an eine Aktie gebunden hat und deswegen zögert die Aktie zu verkaufen oder plötzlich hofft, dass der Kurs doch wieder steigt und deswegen die Verkaufsmarke passieren lässt, muss in der Regel zu viel Verlust hinnehmen. Ein automatischer

Verkaufsauftrag hilft dabei, diese Situation gar nicht erst entstehen zu lassen.

SICH VON EMOTIONEN LEITEN LASSEN

Der Aktienhandel stellt die meisten Anleger vor psychische Herausforderungen. Wer dies nicht weiß und in den entsprechenden Momenten nicht gegensteuert, riskiert nicht nur eine bessere Rendite, sondern auch sein Kapital und Wohlbefinden. Die wichtigsten emotionalen Fallen sind:

Bindung an die Aktie: Anleger entwickeln häufig eine emotionale Bindung an ihre Wertpapiere. Sie mögen sie, weil sie konstant für Rendite sorgten, das Unternehmen gute Produkte herstellt oder sie große Hoffnungen in das Wertpapier setzen. Dies verhindert jedoch, dass Aktien zu einem guten Zeitpunkt verkauft werden.

Angst: Wer Angst davor hat, dass Kursgewinne nicht realisiert werden können, verkauft die Aktie, bevor sie ihren Höchststand erreicht hat.

Gier: Umgekehrt gibt es jedoch auch vereinzelt Anleger und Situationen, denen eher ihre Gier schadet. Sie erwarten zu hohe Kursgewinne und verlieren so ihr Einschätzungsvermögen.

Ungeduld: Viele Privatanleger können gute Ein- und Ausstiegsmöglichkeiten nicht abwarten, weil sie ungeduldig werden. Auf diese Weise können sie die beste Gelegenheit nicht nutzen, obwohl sie zu Beginn der Situation gleiche Bedingungen abwarten konnten.

Hoffnung: Die meisten Anleger verkaufen Aktien mit sinkenden Kursen viel zu spät und mit viel größeren Verlusten, weil sie hoffen, dass sie sich wieder fängt.
KEINE STRATEGIE VERFOLGEN
Anleger sind fast immer, wenn Emotionen ins Spiel kommen, nicht mehr in der Lage, ihre Kauf- oder Verkaufsentscheidungen rational zu treffen. Deswegen ist es sinnvoll, alle wichtigen Szenarien im Vorfeld durchzuspielen und sich rationale Lösungen zurechtzulegen.

Profis benutzen hierfür meist eine Strategie, die festlegt, wann sie in welche Aktie mit wie viel Kapital investieren oder aussteigen. Daraus ergeben sich die folgenden Vorteile:

Der menschliche Fehler wird verringert.
Die Strategie kann evaluiert und verbessert werden.
Der Anleger fühlt sich sicherer.
Die Rendite wird optimiert.

DIVIDENDEN VERNACHLÄSSIGEN ODER NICHT REINVESTIEREN

Viele Privatanleger denken an der Börse sehr kurzfristig und kalkulieren deswegen Dividenden nicht mit ein, sondern achten nur auf mögliche Kursgewinne. Es handelt sich dabei vor allem um einen Anfängerfehler, der hauptsächlich bei sehr aktiven und risikoaffinen auftritt. Sie lassen sich dabei allerdings eine Rendite entgehen, die durchaus zwei Prozent des Aktienwertes jährlich betragen kann.

Ein weiterer Fehler ist es zudem, die Dividenden nicht wieder zu investieren. Starinvestoren wie Warren

Buffett sind auch deswegen so erfolgreich geworden, weil sie Gewinne konsequent reinvestiert haben. Dies hat folgende Vorteile:

Der Anleger kann sein Kapital langsam erhöhen, ohne dass es ihm durch Einsatz zusätzlicher Geldmittel belasten würde.

Er kann vom Zinseszinseffekt Das reinvestierte Geld führt dazu, dass der Gewinn beim nächsten Mal noch etwas höher ist. Beim übernächsten Mal ist er dann noch höher und noch mehr Geld kann reinvestiert werden, usw.

Der Anleger kann verschiedene Einstiegszeitpunkte nutzen und so vermeiden, dass er jedes Mal besonders schlechte Einstiegspunkte erwischt. Dies ist vor allem dann sinnvoll, wenn Aktien primär wegen ihrer zuverlässigen Dividendenausschüttung gekauft worden sind, da diese sich über einen längeren Zeitraum auf hohem Niveau bewegen.

KEINE EIGENE MEINUNG BILDEN

Eines der Hauptprobleme für Privatanleger ist die Tatsache, dass sie zahlreichen Einflüssen und Meinungen ausgesetzt sind und sich in der Regel nicht kompetent genug fühlen, diesen zu widersprechen. Meinungen und Empfehlungen von Bekannten oder Freunden sind allerdings nur selten tatsächlich mit dem erforderlichen Hintergrundwissen untermauert. Und selbst Finanzexperten und Analysten haben häufig unrecht mit ihren Prognosen.

DIE BESTEN TIPPS ZUM AKTIENKAUF

WARUM AKTIEN KAUFEN? AKTIEN VERSPRECHEN LANGFRISTIG HOHE RENDITEN

Die Frage „Warum Aktien kaufen?" ist schnell beantwortet: Der Kauf von Aktien und anderen Wertpapieren ist zum Vermögensaufbau alternativlos. Aktien bieten in Zeiten von Niedrigzinsen das, was beispielsweise Sparkonten längst nicht mehr bieten können: Rendite. Mit Aktien können Sie folglich Ihren Vermögensaufbau chancenreicher gestalten und beispielsweise die Altersvorsorge aufpolieren.

Doch worauf sollte ich als Einsteiger beim Handel mit Wertpapieren achten? Wie wichtig ist beim Ein- und Ausstieg in den Aktienmarkt der Börsenkurs? Wie kann ich mein Geld so anlegen, dass es sich vermehrt? Diese Fragen stellt sich jeder, der etwas auf der hohen Kante hat und mehr will als die mickrigen Zinsen auf dem Girokonto.

Historisch gesehen ist der Kauf von Wertpapieren eine einträgliche Sache. Anleger, die über 30 Jahre (Zeitraum 1989 bis 2018) in den DAX investiert hatten, konnten alleine in 14 Jahren eine Rendite von jeweils mehr als 20 Prozent pro Jahr einstreichen. Allerdings büßte der DAX auch in drei Jahren mehr als 20 Prozent ein. Im Durchschnitt lag die Jahresrendite beim DAX trotz mitunter heftigem Auf und Ab bei 7,2 Prozent pro Jahr.

AKTIENHANDEL – HILFE DURCH BÖRSENWEISHEITEN
Zu Ihrem Erfolg beim Aktienhandel trägt unter anderem eine systematische Anlage-stra-tegie bei. Orientieren Sie sich beispielsweise an den Strategien der Investorenlegenden Warren Buffett, George Soros oder Peter Lynch. Wenn Sie mit dem Aktien-handel be-gin-nen möchten, können Sie Ihren Aktien-handel auch an der einen oder anderen Bör-sen-weis-heit ausrichten. Mit Sätzen wie „Gewinne laufen lassen, Verluste begrenzen" können vor allem weniger erfahrene Aktien-käufer oder Börsen-einsteiger die

wichtigsten Grund-regeln des Aktienhandels kennenlernen und besser verinnerlichen.

Ob Sie beim Aktienhandel auf die Weisheiten der Starinvestoren vertrauen wollen oder nicht, investieren Sie in jedem Fall nur Geld an der Börse, auf das sie mittelfristig verzichten können. Nur so lassen sich Kursrückgänge, die an der Börse unvermeidlich sind, auch bequem aussitzen. Wer beim Aktienhandel hingegen Kapital einsetzt, das bereits wenige Monate später benötigt wird, kann schnell zum Verkauf seiner Aktien gezwungen werden – im schlimmsten Fall zu ungünstigen Kursen.

Planen Sie beim Aktienhandel mit einem langen Anlagehorizont, eventuell bis zum Ruhestand. Wenn der Rentenbeginn näher rückt, sollten Sie nach und nach den Anteil risikoreicher Investments reduzieren. Kapital, das sie zur Aufstockung der Rente benötigen, nehmen sie schrittweise und über einen längeren Zeitraum hinweg aus dem Aktienmarkt – und investieren es in sichere und schwankungsärmere Anlageformen. Haben Sie die grobe Planung zum

Vermögensaufbau abgeschlossen, können Sie mit dem Aktienhandel beginnen.

WIE KAUFE ICH AKTIEN?

Anleger können den Auftrag zum Aktienkauf in der Regel persönlich über einen Berater in der Hausbank erteilen oder per Telefon, Mail oder Fax. Bei Online-Brokern oder Direktbanken können Sie die Wertpapierorder ganz einfach über online durchführen. Sie benötigen dazu nur die Wertpapierkennnummer (WKN oder ISIN) des jeweiligen Anteilsscheins, den Sie kaufen möchten. Die weiteren Schritte sind dann meist selbsterklärend. Bevor Sie mit dem Aktienhandel starten können, benötigen Sie aber noch ein Wertpapierdepot.

WERTPAPIERE KAUFEN UND VERKAUFEN: WAS GILT ES ZU BEACHTEN?

Anleger, die Wertpapiere wie Aktien, Fonds, Zertifikate oder Optionsscheine kaufen und verkaufen möchten, benötigen zunächst eine Depotbank, über die sie ihre Wertpapiere handeln können. Ein Depot lässt sich recht einfach bei einer Hausbank oder bei einem Online

Broker eröffnen. Damit sind wir schon beim ersten unserer wichtigsten Tipps für den Handel mit Wertpapieren, der Eröffnung eines Wertpapierdepots bei einem günstigen Broker.

TIPP 1: DEPOT FÜR DEN AKTIEN-KAUF UND WERT-PAPIER--HANDEL ANLEGEN

Um Aktien kaufen und auch andere Wertpapiere handeln zu können, benötigen Sie zunächst ein Wertpapier- oder Aktiendepot. Dieses können Sie entweder bei einer Bank oder einem der häufig günstigeren Online-Broker eröffnen. In Ihrem Wertpapierdepot werden dann die gekauften Aktien, Fonds und Zertifikate verwahrt und verwaltet.

Kaum zu glauben, aber viele Banken berechnen auch heute noch Gebühren unabhängig davon, ob Sie als Anleger überhaupt Wertpapiere handeln oder nicht. Nicht selten liegen diese Verwaltungs-/ Depotführungskosten bei 30 Euro pro Jahr. Diese Kosten können Sie vermeiden! Ausgewählte Anbieter und Online Broker bieten die Konto-/ Depot-führung nämlich völlig kostenlos an.

ORDERGEBÜHREN UND KOSTEN FÜR DEPOTFÜHRUNG IM BLICK

Für Ihre Orders, also für den Kauf und Verkauf von Aktien und anderen Wertpapieren, fallen verschiedene Gebühren an. Neben Börsengebühren, die vom gewählten Handelsplatz (Börse Frankfurt, Börse Stuttgart, …) abhängen, berechnet auch Ihre Depotbank Gebühren für jede Order, die sogenannte Orderprovision. In der Regel zahlen Wertpapieranleger eine fixe Provision für jede Order (zum Beispiel 7,95 Euro) sowie eine volumenabhängige Provision. Eine Order mit hohem Volumen, zum Beispiel über 10.000 Euro, kostet somit mehr als eine 2.000 Euro-Order.

Wichtig: Gerade eine volumen-abhängige Order-pro-vision schlägt bei etwas höheren Ordervolumen bei den meisten Banken und Brokern schnell mit 20 bis knapp 70 Euro pro Order zu Buche.

Wählen Sie für Ihre Wertpapiergeschäfte einen Anbieter mit kostenloser Kontoführung, bei dem Sie Aktien und andere Wertpapiere wie Anleihen,

Zertifikate oder Fonds mit niedrigen Orderprovisionen kaufen und verkaufen können! Kostenfreie Wert-papier-konten können Sie heutzutage bei vielen Brokern einrichten. Einige Depotbanken bieten den Wertpapierhandel sogar zu einer fixen Orderprovision von nur wenigen Euro an, also ohne volumenabhängige Gebühren. Es spielt für Sie somit keine Rolle, ob Sie Wertpapiere im Wert von lediglich 500 Euro kaufen oder vielleicht sogar einen Trade im Wert von 50.000 Euro durchführen wollen.

TIPP 2: ANLAGEZIEL DEFINIEREN – NOCH VOR DEM AKTIENKAUF

Haben Sie Ihr Depot eröffnet? Dann definieren Sie Ihre Anlageziele – noch vor dem ersten Aktienkauf!
Tipp: Beantworten Sie zunächst folgende Fragen:

1. Wie viel Geld steht Ihnen für den Wertpapierhandel zur Verfügung?

Fangen Sie als Einsteiger eher mit kleinen Beträgen und Aktienkäufen an. Investieren sollten Sie an der Börse zudem nur Kapital, das Sie nicht kurzfristig benötigen.

Laufen die Märkte in die falsche Richtung, müssen Sie so nicht mit Verlust verkaufen, weil vielleicht eine kostspielige Autoreparatur fällig ist. Der Wertpapierhandel auf Kredit ist gerade für Einsteiger tabu und allenfalls für langjährig erfahrene Anleger geeignet.

2. Welches Risiko sind Sie bereit einzugehen?

Legen Sie fest, welches Risiko Sie einzugehen bereit sind. Wer Wertpapiere handelt und in Aktien investiert, muss auch mit zeitweisen Kursrückgängen rechnen. Aktienkurse schwanken häufig stark, sodass aus 10.000 Euro binnen weniger Wochen oder Monate nicht nur 12.000 Euro sondern auch mal 8.000 Euro werden können.

Grundsätzlich gilt: Je höher die vermeintliche Chance eines Wertpapiers, desto größer auch das Risiko.

3. Welche Rendite erhoffen Sie sich von Ihren Investments?

Legen Sie fest, welche Rendite Sie mit Ihren Börseninvestments im Zeitraum X erzielen möchten. Setzen Sie auf langfristige, nicht auf kurzfristige Rendite! In einem Wertpapierdepot sind Renditeannahmen im Bereich von fünf bis zehn Prozent pro Jahr realistisch. Bedenken Sie: Meistens scheitern Anleger an der Börse, weil sie zu schnell zu viel wollen und beispielsweise zu riskante Aktien kaufen. Investoren-Legenden vom Range eines Warren Buffett setzen beim Wertpapierhandel nicht auf schnelle Rendite, sondern auf gute Unternehmen. Dann kommt der Erfolg auf lange Sicht meistens von selbst.

TIPP 3: WELCHE AKTIEN KAUFEN? WERTPAPIERDEPOT ZUSAMMENSTELLEN
Haben Sie die obigen Fragen beantwortet, können Sie sich der grundsätzlichen Zu-sam-men-stellung Ihres Wertpapierdepots widmen – und der Frage:

Langfristig erfolgreich sind an der Börse jene, die eine kluge Anlagestrategie verfolgen. Welche Wertpapiere Anleger kaufen sollten, hängt maßgeblich von der Risikoneigung ab. Während sicherheitsorientierte

Anleger eher zu Wertpapieren wie Anleihen oder Misch-fonds greifen, setzen Anleger mit größerer Risikobereitschaft häufig auf Aktienfonds und Einzelaktien. Beim Aktienkauf sollten Einsteiger – je nach Anlagetyp – auf Wachstums-, Value-Aktien oder eine Mischung daraus setzen.

Tipp: Ihr Risiko minimieren erfolgreiche Aktionäre vor allem auch durch Diversifikation, also die breite Streuung von Titeln.

Erfahrene Anleger setzen beim Wertpapierhandel deshalb nicht alles auf eine Karte. Sie kaufen stattdessen Anteilsscheine mehrerer Unternehmen aus unterschiedlichen Branchen und aus verschiedenen Regionen/Ländern. So können eventuelle Verluste einzelner Aktien mit Gewinnen aus anderen Wertpapier-Investments ausgeglichen werden.

Invest-ments in Unter-nehmen, die in Wachstums-märkten aktiv sind (sogenannte „Wachstums-aktien"), können äußerst lukrativ sein, da diese Unter-nehmen ihre Gewinne häufig stark steigern. Das wirkt sich in der Regel auch positiv auf den Aktien-kurs aus. Anderer-seits ist der Handel von Wachstums-aktien aber auch risiko-reicher als der von „Value-Aktien", also von namhaften Unter-nehmen, die in eta-blier-ten Märk-ten agieren und dort seit Jahren Markt-führer sind. Value-Aktien sind häufig zwar nicht so chancenreich, bergen aber auch ein geringeres Verlust-risiko. Häufig bieten Value-Aktien auch höhere Divi-den-den-zah-lungen als Wachstums-aktien. Divi-den-den wirken sich positiv auf die Rendite Ihres Aktien-invest-ments aus.

TIPP 4: AKTIENKAUF – VORHER AUSFÜHRLICH INFORMIEREN

An der Börse liegt das Geld nicht auf der Straße. Bedenken Sie, dass Sie als Käufer einer Aktie stets auf einen Verkäufer treffen, der der Meinung ist, dass es besser ist, das Wertpapier nicht zu besitzen. Als Verkäufer ist es genau umgekehrt. Hinterfragen Sie also vor dem Wertpapierkauf stets Ihre Meinung unter diesem Gesichtspunkt. Wollen Sie Ihr Vermögen mit Wertpapieren langfristig steigern, sollten Sie Ihre Investments daher sorgfältig auswählen und sich vor und auch nach dem Kauf stets über Ihre Wertpapiere auf dem Laufenden halten.

Gerade beim Aktienkauf gilt: Bevor Sie eine Aktie kaufen, informieren Sie sich umfassend über das Investment und orientieren Sie sich an den erfolgreichsten Investoren aller Zeiten wie Warren Buffet, George Soros, Benjamin Graham oder Peter Lynch. Diese investieren ausschließlich in Wertpapiere von Unternehmen, deren Geschäft sie vollständig verstehen.

Tipp: Werfen Sie einen Blick auf die Investor Relations-Webseite des Unternehmens, in das Sie investieren möchten. Verschaffen Sie sich zudem auf finanzen.net einen Überblick über das Geschäft der Aktiengesellschaft. Hier finden Sie zu jedem Wertpapier und jeder börsengelisteten Aktie ein umfangreiches Informationsangebot, zum Beispiel hier zu den DAX-Werten. Neben Nachrichten, Informationen zur Kursentwicklung der Aktie oder zu den Geschäftszahlen finden Sie dort auch Termine, Kennzahlen und Einschätzungen von Analysten.

TIPP 5: VERMEIDEN SIE DEN GRÖSSTEN ANFÄNGERFEHLER BEIM WERTPAPIERHANDE

Viele Einsteiger begehen beim Wertpapierhandel den gleichen Fehler. Sie investieren ihr Geld in nur ein Wertpapier, meist eine recht spekulative Aktie. Das kann gut gehen, geht aber in den meisten Fällen schief. Vermeiden Sie ein derartiges Einzelwerterisiko und die Gefahr, schon bei der nächsten Abwärtsbewegung oder einer negativen Unternehmensnachricht auf zweistelligen Verlusten zu sitzen. Setzen Sie an der Börse niemals alles auf eine Karte! Streuen Sie stattdessen Ihr Risiko, indem Sie Ihren Einsatz auf mehrere chancenreiche Werte verteilen.

Tipp: Starten Sie an der Börse behutsam mit kleineren Beträgen, steigen Sie nicht gleich mit allzu spekulativen Aktien in den Wertpapierhandel ein und begehen Sie nicht den größten Anfängerfehler, alles auf eine Karte zu setzen. Vor dem ersten Aktienkauf ist ein Test der eigenen Anlagestrategie empfehlenswert.

TIPP 6: WO KANN MAN AKTIEN KAUFEN? DIE WAHL DES PASSENDEN HANDELSPLATZES

Haben Sie Ihre Anlagestrategie definiert und sich für die Aktie eines Unternehmens oder den Kauf eines anderen Wertpapiers entschieden, müssen Sie in der Handelsmaske Ihres Brokers die Wertpapierkennnummer (WKN oder ISIN) angeben und auswählen, über welche Börse Sie Ihr Wertpapier kaufen möchten. In Deutschland haben Sie die Wahl zwischen der Börse Frankfurt, dem XETRA-System der Börse Frankfurt und einigen Regionalbörsen (Stuttgart, Berlin, Düsseldorf, Hamburg ...).

Viele Wertpapiere können Sie mittlerweile auch im außerbörslichen Direkthandel kaufen und verkaufen. Als Anleger sparen Sie sich so die Börsengebühren und die Maklercourtage. Außerdem müssen Sie nicht darauf warten, bis Ihre Order an der Börse ausgeführt wurde. Unsere Empfehlung lautet deshalb: Kaufen Sie gängige Aktien über Direkthändler wie Tradegate oder Lang & Schwarz.

Aktien können Sie heutzutage bei verschiedenen Handelsplätzen direkt handeln. Das Prinzip ist einfach: Sie stellen in der Ordermaske Ihres Online Brokers eine Preisanfrage für beispielsweise 20 Stück BASF-Aktien. Der Handelspartner Ihrer Depot-bank teilt Ihnen dann einen unver-bind-lichen Kauf- oder Verkaufspreis mit. Da sich die Börsen-kurse schnell ändern, haben Sie nur wenige Sekunden Zeit, sich für das Angebot zu ent-schei-den. Tun Sie das nicht, können Sie anschließend eine neue verbindliche Preis-anfrage stellen. Auch Zerti-fikate und Options-scheine können Sie bequem und direkt bei der emit-tie-ren-den Bank, dem soge-nannten Emittenten, handeln. Voraus-gesetzt, Ihre Depot-bank bietet einen außerbörslichen Direkthandel mit diesem Emittenten an, also mit dem ent-spre-chen-den Direkthändler.

TIPP 7: AKTIEN UND SPEKULATIVE WERTPAPIERE BEOBACHTEN

Der Kurs Ihrer Aktien wird vor allem durch Unternehme-nsnachrichten beeinflusst. Gute Geschäftszahlen führen meist zu Kurszuwächsen, maue Geschäftszahlen eher zu Kursverlusten. Daneben beeinflussen auch andere Nachrichten, die nicht direkt mit dem Unternehmen in Zusammenhang stehen, den Aktienkurs. Die Aktie eines Kfz-Herstellers, der einen Großteil seiner Autos in China verkauft, wird bei guten Konjunk-turnachrichten aus China eher zulegen, bei schlechten Nachrichten hingegen eher nachgeben.

Tipp: Auch wenn Aktien in der Regel als langfristige Geldanlage gedacht sind, sollten Sie sich über aktuelle Wirtsch-aftsentwicklungen und Ihre Aktien auf dem Laufenden halten. Auf finanzen.net und in den finanzen.net Börsen-Apps finden Sie ständig aktualisierte Marktberichte. Dort können Sie sich auch ganz einfach informieren lassen, sobald es zu Ihren Aktien etwas Neues gibt.

TIPP 8: GEWINNE LAUFEN LASSEN, VERLUSTE BEGRENZEN

Während Trader eher auf schnelle Rendite zielen, sind Investoren darauf aus, langfristig in erfolgreiche Unternehmen zu investieren und über den Kauf von Aktien an deren Erfolg teilzuhaben. Dennoch ist es auch bei langfristig ausgelegten Investments ratsam, diese in

Frage zu stellen, sofern der Erfolg ausbleibt oder die Aktie die falsche Richtung einschlägt.

Erfahrene Börsianer handeln nach dem alten Börsenmotto „Gewinne laufen lassen und Verluste begrenzen". Vielen Anlegern macht die Psychologie aber einen Strich durch die Rechnung. Sie realisieren ihren Handelsgewinn häufig schon nach kleinen Kurszuwächsen. Bei Kursverlusten verkaufen sie hingegen nicht und hoffen, ihren Einstandskurs irgendwann wiederzusehen. Nicht selten häufen sich dann hohe Verluste an.

Tipp: Orientieren Sie sich beim Wertpapierhandel an echten Investoren-Legenden! Lassen Sie Gewinne laufen und begrenzen Sie Ihre Verluste. Bestimmen Sie bereits beim Aktienkauf den maximalen Verlust, den Sie hinzunehmen bereit sind. Viele erfahrene Anleger zurren ihr Verkaufs-limit etwa 20 Prozent unterhalb des Einstiegsniveaus fest. Läuft Ihre Aktie in die richtige Richtung, ziehen Sie Ihr Ausstiegslimit mit der Zeit einfach nach.

www.ingramcontent.com/pod-product-compliance
Lightning Source LLC
Chambersburg PA
CBHW030940240526
45463CB00015B/859